Anselme CHODATON

L'EDUCATION, UN SACERDOCE CONJUGAL DE L'EGLISE DOMESTIQUE

Anselme CHODATON

L'EDUCATION, UN SACERDOCE CONJUGAL DE L'EGLISE DOMESTIQUE

Esquisse sur les vérités fondamentales de foi pour une éducation chrétienne

Éditions Croix du Salut

Imprint
Any brand names and product names mentioned in this book are subject to trademark, brand or patent protection and are trademarks or registered trademarks of their respective holders. The use of brand names, product names, common names, trade names, product descriptions etc. even without a particular marking in this work is in no way to be construed to mean that such names may be regarded as unrestricted in respect of trademark and brand protection legislation and could thus be used by anyone.

Cover image: www.ingimage.com

Publisher:
Éditions Croix du Salut
is a trademark of
Dodo Books Indian Ocean Ltd. and OmniScriptum S.R.L publishing group

120 High Road, East Finchley, London, N2 9ED, United Kingdom
Str. Armeneasca 28/1, office 1, Chisinau MD-2012, Republic of Moldova, Europe
Printed at: see last page
ISBN: 978-620-3-84620-1

L'EDUCATION, UN SACERDOCE CONJUGAL DE L'EGLISE DOMESTIQUE

Anselme CHODATON

Résumé

Devant les différents types de "familles modernes'' suite aux gigantesques mutations du monde aujourd'hui, la famille conjugale demeure le lieu primordial d'éducation où l'enfant parvient à devenir homme. C'est donc un devoir fondamental de la famille, pas n'importe laquelle, mais celle conjugale qui est déjà une Eglise domestique. Déployé dans ses dimensions anthropologique, socio-culturelle et théologique, ce sacerdoce qu'exerce la famille à travers l'éducation participe au bien-être de l'humanité.

Mots clés : éducation, famille conjugale, Eglise domestique, familles modernes, devenir.

Sumary

Faced with the different types of "modern families" following the gigantic changes of the world today, the conjugal family remains the primordial place of education where the child manages to become a man. It is therefore a fundamental duty of the family, not just any family, but the conjugal one, which is already a domestic church. Deployed in its anthropological, socio-cultural and theological dimensions, this priesthood exercised by the family through education contributes to the good of humanity.

Key words: education, conjugal family, domestic church, modern families, becoming.

INTRODUCTION

La préparation, l'épreuve et le consentement résument de façon nette les trois lieux d'investigation de toute éducation humaine. C'est du moins ce qui ressort de la lumineuse citation de Marguerite LENA : « *l'éducation est le lieu par excellence où le choc du futur doit être préparé, ressenti et consenti. Il faut aux arbres des racines pour faire face aux ouragans* »[1]. De cette manière, il n'existe donc d'éducation humaine authentique que dans le cocon familial, condition menant à bout tout le processus d'intégration de la personne humaine dans sa réalisation d'être en soi, avec les autres et avec l'Absolu ou le Tout-Autre. Cependant, la famille aujourd'hui s'entend dans une pluralité rendant ainsi complexe le contexte de vie sécurisant ce devenir et l'avenir de l'humanité : familles mono-parentale, homo-parentale, recomposée, divorcée, union-libre (…). Quelle famille garantit-elle réellement cet accompagnement ?

Il s'agit de la famille conjugale portant en son sein toutes les qualités d'assurer le bien commun de l'humanité : conduire l'homme vers son humanisation. De fait, étant dans la dynamique conjugale, elle assume aussi de façon médiate toute la charge d'une Eglise domestique. Par quels critères objectifs une famille conjugale peut être le lieu ultime par excellence d'éduquer les enfants de façon pleine et responsable ? Jusqu'à quels degrés de réversibilité pourrait-on ou non concéder aux "familles modernes'' un accompagnement de l'homme vers son humanisation ? Voilà autant d'interrogations que nous nous posons pour apprécier cette thématique d'une envergure anthropologique, socio-culturelle et théologique. Nous nous attèlerons à visiter d'abord dans un premier temps la pertinence de cette exclusion de "familles modernes'' de la sphère du foyer conjugal comme le lieu d'une humanisation à travers l'éducation. Ensuite, nous nous appesantirons sur les fondements anthropologique, socio-culturel et théologique qui rendent nécessaire cette disponibilité de toute famille conjugale pour le devenir du petit de l'homme.

[1]- Marguerite LENA, *L'Esprit de l'éducation*, Desclée, Paris, 1998, p.144.

1. La pertinence d'une exclusion de "*familles modernes*'' disqualifiées d'être le lieu d'une humanisation à travers l'éducation

La Révolution sexuelle avec ses corollaires que sont la crise de mai 68, l'émancipation de la femme, le rejet de l'autorité, de la loi morale ou positive, le libertinage sexuel, a inéluctablement provoqué de nombreuses mutations modernes ces dernières décennies. Dans cette transformation du monde, la famille n'est malheureusement pas exempte de tous ces dangers. Aujourd'hui il existe des "*familles modernes*'' dont on ne peut négliger l'impact négatif sur la société en général et africaine en particulier.

1.1. Une brève présentation des "familles modernes" et leurs caractéristiques

Face à la dislocation fréquente des familles conjugales, la modernité dessine depuis les années 1970 une « *multiplicité de configurations familiales qui vont de l'individu seul à la famille étendue, qui associe collatéraux et ascendants à une famille nucléaire, en passant par les familles monoparentales, « grands-parentales », etc* »[2]. Au nombre de ces "familles modernes'' nous en avons principalement trois grandes :

- **Les familles monoparentales**[3] : il s'agit des familles où un parent élève seul son ou ses enfant(s). D'après le Journal *La Croix*[4], le nombre de familles monoparentales a connu dans le monde une hausse de 87 % entre 1990 et 2013. Un enfant sur cinq vit dans une famille monoparentale, contre un enfant sur dix en 1990. L'Institut National de la Statistique et des Etudes en France a publié une radioscopie de la famille monoparentale, basée sur 360.000 questionnaires collectés en 2011. 85% des parents en famille monoparentale sont des femmes, et elles sont dans cette situation depuis en moyenne 5,6 ans, soit plus que les hommes (4,2 ans), relève l'INSEE. La séparation, le décès du conjoint, ou le fait d'avoir eu un enfant sans être en couple sont les causes réelles d'une telle nouvelle naissance de "*famille moderne*''.
- **Les familles recomposées** : elles concernent les familles constituées d'un couple vivant avec au moins un enfant dont un seul des conjoints est le parent. Cette forme de famille découle donc, tout comme un grand nombre de familles monoparentales, d'un divorce. Aujourd'hui, selon l'INSEE, *la proportion des enfants vivant dans une famille recomposée a doublé en 20 ans entre 1990 et 2010, de 5 à 10 %. Le nombre d'enfants concernés est passé de 750 000 à 1,5 million et le nombre de familles de 500 à 720000*[5].
- **Les familles homoparentales :** il s'agit des familles dont l'enfant est issu de parents homosexuels et qui est relié juridiquement à une des deux personnes ou même aux deux. Martine GROSS sociologue et spécialiste de la question de l'homoparentalité, livre ses dernières réflexions dans un ouvrage paru à la Petite bibliothèque Payot en 2012 : *Qu'est-ce que l'homoparentalité ?* Elle considère que « *la terminologie est aussi explicitée car, sous un même concept d'homoparentalité inventé par les sociologues, se cachent en réalité des situations diverses selon que les enfants élevés au sein du couple soient nés d'une union hétérosexuelle antérieure ou que des personnes homosexuelles soient en quête d'enfant, puis*

---

[2]- Patrice VIMARD, « Modernité et pluralité familiales en Afrique de l'Ouest », *Tiers-Monde*, tome 34, n° 133, 1993, p. 89-115.
[3]- http://evolution-famill.e-monsite.com/pages/les-differentes-formes-modernes-de-la-famille.html
[4]- https://www.la-croix.com/Journal/Lexplosion-nombre-familles-monoparentales-2018-04-11-1100930712
[5]- http://www.observationsociete.fr/structures-familiales/familles/de-plus-en-plus-de-familles-recomposees.html

de reconnaissance par leur compagne ou compagnon de l'enfant adopté ou mis au monde grâce à des techniques de procréation médicalement assistée programmées (...) »[6].

[6]- Isabelle CORPART, in Revue *Recherches familiales* 2013/1 (n° 10), pages 183 à 185 citant Martine GROSS, *Qu'est-ce que l'homoparentalité ?* Petite bibliothèque Payot, 206 p., 2012.

1.2.L'impasse d'un phénomène pluriel et destructeur dans le devenir de l'homme et de la famille

Contrairement à ce qu'avait affirmé PROTAGORAS[7] un des philosophes de l'antiquité, l'homme ne peut pas être la mesure de toute chose. Mais, nous épousons plutôt l'objection de Blaise PASCAL pour qui « *l'homme passe infiniment l'homme* »[8]. Car il est unique dans sa pluri-dimensionnalité de sorte qu'on ne peut substituer une situation négative à la place d'une autre considérée comme le moindre mal. Et pourtant ce moindre mal que nous dénonçons ici porte pour noms aujourd'hui : « *exercice ludique de la sexualité génitale ; privatisation de la famille (...) ; augmentation des divorces et des séparations ; diverses typologies de couples irréguliers : couples de fait ; couples homosexuels ; relations intermittentes ; familles monoparentales* »[9]. Le sexe est appelé à être séparé de la fonction procréative qui est confiée de plus en plus à la technologie. Devant ces situations, il est donc urgent de reconnaître l'impasse dans lequel nous plonge le contexte spatial des "familles modernes" vouant déjà, en sa racine destructrice, le bien-être des enfants à l'échec. Dans son livre d'entretiens avec le vaticaniste Nicolas DIART, *Dieu ou rien*, le Cardinal Robert SARAH considère cette impasse comme « *une confusion entre le bien et le mal* », tentatives de l'Occident d'imposer ses conceptions sur la famille et la contraception. Après plusieurs études sur les familles homoparentales, monoparentales et recomposées, un triste sort s'observe pour le suivi, l'épanouissement et le devenir des enfants issus de ces "familles modernes" quant à la question de l'incidence de cette vie familiale hors-norme sur leur développement et leur équilibre psychologique.

7- « L'homme est la mesure de toute chose (...) ». Cf. La Vérité ou Discours destructifs (V ème siecle avant JC)
8- Fragment *Contrariétés* n° 14 / 14 – Papier original : *RO* 257-257 v° et 261-261 v°
Copies manuscrites du XVIIe s. : C_1 : *Contrariétés* n° 178 à 182 p. 47 v° à 52 / C_2 : p. 69 à 74
Éditions de Port-Royal : Chap. XXI - *Contrarietez estonnantes* : 1669 et janv. 1670 p. 158-164 et p. 171 / 1678 n° 1 p. 157-161, n° 4 p. 167-168.
9- Conférence du Cardinal Ennio Antonelli, président du Conseil pontifical pour la Famille lors de la 47e Journées des questions pastorales de Castelldaura qui ont eu lieu à Barcelone (Espagne) les 24 et 25 janvier 2012 sur le thème « Le mariage et la famille pour une nouvelle évangélisation », in La Croix le 09/04/2013 à 16:22. Cf. https://www.la-croix.com/Urbi-et-Orbi/Archives/Documentation-catholique-n-2491/La-Famille-chretienne-premier-chemin-pour-l-evangelisation-2013-04-09-934147 consulté le 19 avril 2019 à 21h48.

1.3. L'objectivité d'une exclusion légitime pour la sécurité du devenir de l'homme

Face aux phénomènes des "familles modernes" observées dans le monde en général voire tant en Europe qu'en Afrique en particulier, les causes lointaines rapidement évoquées plus haut peuvent être complétées ici pour une appréciation plus objective de l'option d'une exclusion de ces types de famille dans la dynamique d'assurer une bonne éducation à l'enfant. Pour le compte de l'Afrique, la monoparentalité est advenue de façon manifeste dans les années 1970. Les socio-ethnologues Patrice VIMARD et N'cho SOMBO les considèrent comme l'effet d'une « *« déstructuration de crise et de pauvreté » par opposition à la déstructuration plus moderniste qui dans les années 1970 a fait décliner les pratiques de lévirat qui imposait le remariage des veuves avec leur beau-frère* »[10]. Toutefois, une telle affirmation n'est pas systématiquement la seule cause de la monoparentalité en Afrique surtout subsaharienne. D'autre recherche plus approfondie postule plutôt pour la dimension de la filiation que celle de la pauvreté. Car, « *les femmes qui sont à la tête de ménages monoparentaux ne sont pas perçues comme des marginales et se montrent souvent capables d'assumer leurs responsabilités mieux que bien des familles conjugales ou étendues, leurs enfants étant leur principal entourage et leur seul espoir de prise en charge pour leur vieillesse* »[11]. Une troisième cause épinglée par Thérèse LOCOH démontre que « *la monoparentalité qui résulte de séparations est aussi due aux contradictions que les hommes ne parviennent plus à assumer. Influencés par les modèles traditionnels de réussite masculine, beaucoup veulent encore devenir polygames ou entretenir au moins « un deuxième bureau ». Devant le coût élevé que représente l'entretien de plusieurs foyers, certains abandonnent leur première famille qui devient alors entièrement à la charge de leur ex-épouse* »[12]. Si en 1975 fut votée par Simone WEIL la dépénalisation de l'avortement en France après la sortie de l'encyclique *Humanae Vitae*[13], beaucoup d'autres lois malheureusement anti-familiales sont votées en compendium sous le vocable de la loi Taubira[14] ou « mariage pour tous pour toujours » pour complaire les familles homoparentales ou

---

[10]- Patrice Vimard et N'cho Sombo, « Evolution de la structure des ménages et différenciation des modèles familiaux en Côte d'Ivoire 1975-1993 », *in* : Pilon, Locoh, Vignikin et Vimard (dir.), *Ménages et familles en Afrique, Approches des dynamiques contemporaines,* Les études du CEPED, n°15, 1997, p. 101-124

[11]- Marc Pilon, « Les femmes chefs de ménage en Afrique : état des connaissances », in Jeanne Bissillat (éd.), *Femmes du Sud, chefs de famille*, Paris, Karthala, 1996, p. 235-256.

[12]- Thérèse LOCOH, « Les nouvelles formes d'union en Afrique de l'Ouest : aspirations et ruptures », *in Femme, Famille, et Population*, Ouagadougou, Burkina Faso, vol. 1, Dakar, UEPA, 1991, p. 96-108

[13]- Encyclique sortie le 25 juillet 1968.

[14]- Christiane TAUBIRA, ministre de la justice en 2013. Elle s'apprête à prendre la parole une dernière fois pour défendre la loi qu'elle porte à bout de bras depuis des mois : celle qui doit ouvrir aux homosexuel(le)s le mariage et l'adoption. Avec cette loi, depuis très souvent simplement appelée « Loi Taubira », la France devient le 18 mai 2013, date de sa promulgation, le 9e pays européen, le 14e mondial à autoriser le mariage des homos.

homosexuelles aujourd'hui. Devant cette panoplie de subjectivités disparates, l'enjeu mis en branle ici est l'usage du principe de deux poids deux mesures. Vouloir une chose et son contraire c'est naviguer sans boussole. Accepter les PMA[15], une pratique médicale déjà peu orthodoxe au point de vue anthropologique, pour des homosexuels c'est la porte ouverte à la destruction de la famille, à la permissivité et à une légifération d'une anthropologie profane. Il s'avère donc impérieux de retourner aux sources anthropologique, socio-culturelle et théologique de la famille conjugale donc hétérosexuelle. Elles constituent des chemins incontournables pour la sauvegarde de la mission d'éducation de l'homme par le couple conjugal.

[15]- Pratiques médicalement assistées

2. Des fondements anthropologique, socio-culturel et théologique come chemins dans la mission d'éducation humaine par la famille conjugale

Aucun homme ne naît tout seul ni ne vit dans un îlot, renfermé sur lui-même sans une insertion familiale qui advient par la conjugalité de l'hétérosexualité père-mère conciliant les deux dimensions inséparables que sont l'union et la procréation. De fait, les valeurs anthropologique, socio-culturelle voire théologique importent grandement pour authentifier la légitimité d'une famille conjugale comme porteuse de toutes ses attentes qui façonneront l'enfant.

2.1. La dimension anthropologique, premier chemin pour la famille conjugale comme lieu d'éducation

Avec le penseur Robert SARAH nous affirmons qu'il « *est sémantiquement incorrect d'attribuer aux couples homosexuels le mot « mariage » et « famille » qui impliquent toujours le respect de la différence sexuelle et l'ouverture à la procréation. Cela ne peut pas être une référence éducative pour les enfants ; cela les ruine profondément et irréversiblement. Priver un enfant d'un père et d'une mère est une violence inacceptable (...)* »[16]. De cette assertion, il ressort donc que la famille conjugale définie par Emile DURKHEIM dans son livre posthume *La famille conjugale* « *ne comprend plus que le mari, la femme, les enfants mineurs et célibataires. Il y a en effet entre les membres du groupe ainsi constitué des rapports de parenté tout à fait caractéristiques, et qui n'existent qu'entre eux, et dans les limites où s'étend la puissance paternelle. Le père est tenu de nourrir l'enfant et de pourvoir à son éducation jusqu'à sa majorité* »[17]. Une telle définition octroie aux parents une responsabilité certaine dans leur rôle d'éducateurs et de co-créateurs. Il faut le reconnaître à la suite de Jean LAFFITTE dans son article, "*Dialogue et croissance de la communion conjugale et familiale*" que « *la transmission de la vie humaine est confiée par la nature à un acte personnel et conscient, et comme tel sujet aux très sages lois de Dieu : lois inviolables et immuables qui doivent être reconnues et observées* »[18]. La famille est donc la base, le fondement où se façonne la personne humaine. Les enfants sont bénéficiaires d'un droit inaliénable qu'est l'éducation, du fait même de leur dignité personnelle. Ainsi donc, la première finalité lointaine dans l'éducation selon Jean LAFFITTE, suppose que « *les enfants soient peu à peu conduits à une autonomie. Celle-ci n'est possible que par une capacité à former des jugements conformes à la vérité, et à choisir de façon habituelle le bien moral* »[19]. L'option préférentielle pour la vérité, le bien moral qui fait de l'enfant une personne en tension vers sa pleine maturité, ne peut que s'affermir positivement dans une relation familiale, conjugale. Cette œuvre d'humanisation de l'être humain tiendra compte aussi d'un terrain socio-culturel favorable pour sa croissance.

[16]- Pierre-Alain DEPAUW, « Le Cardinal Robert Sarah contre la théorie du genre et les chantages de l'ONU » du 20 février 2015 à 02h54. Cf. https://www.zejournal.mobi/index.php/news/show_detail/5618 consulté ce 20 avril 2019 à 16h42.

[17]- Émile DURKHEIM, « *La famille conjugale.* » Texte extrait de la Revue philosophique, 90, 1921, pp. 9 à 14. Publication posthume d'un cours professé en 1892.

[18]- Jean LAFFITTE et Livio MELINA, *Amour conjugal et vocation à la sainteté*, Ed. L'Emmanuel, Parayl-le Monial, 2001, p. 175.

[19]- Idem, p. 180.

2.2.La dimension socio-culturelle, deuxième chemin pour l'épanouissement de l'homme

Dans un contexte socio-culturel marqué par l'idéologie du genre et ses corolaires, saper les racines de la famille conjugale c'est accepter qu'il n'y ait pas de différence ontologique entre l'homme et la femme. C'est affirmer aussi que l'identité de l'homme ou de la femme n'est pas inhérente à la nature, qu'elle s'attribue par la culture, donc au résultat d'une construction sociale. Toutes ces considérations que nous fustigeons ne peuvent jamais favoriser le plein épanouissement du petit de l'homme. Il faudra donc à l'encontre d'une certaine idéologie libérale qui obéit à des besoins individualistes et subjectivistes montrer l'originalité et la pérennité d'une culture et d'une société humaine stable et constante. Si la raison est le bien commun, la chose du monde la mieux partagée, l'enfant nous en donne la preuve dans la maîtrise de son identité. Elle s'élabore dans la communication avec les parents. « *L'identité de l'enfant, c'est le lieu de sa beauté, de son universalité, de sa fragilité et de son humanité. C'est aussi le lieu de ses promesses, de ses joies et de ses tristesses, de sa puissance d'amour et de vie* »[20]. En ce sens, éduquer devient une tâche très délicate. Pour l'enfant, cette tâche s'entreprend depuis le ventre de sa mère et dès la naissance. Eduquer est une mission d'amour au service de l'amour : « *Eduquer son enfant signifie l'élever, l'aider à progresser, lui permettre d'évoluer et le préparer à devenir un homme. Il signifie également préparer l'enfant à la vie, c'est-à-dire l'aider à s'adapter à son milieu familial et à la vie en société* »[21]. Cependant tous ces fondements trouvent leur enracinement dans la dimension théologique du couple conjugal comme église domestique à travers son sacerdoce d'éducation.

---

[20]- Perpétue TIGRY, *Education par l'amour : une force de demain*, Aurelius, Cotonou, 2015, p. 69.
[21]- R. MAMPAKA, Bien connaître pour mieux éduquer, Pauline, Abidjan, 2012, p.7.

2.3.La dimension théologique, troisième lieu pour une humanisation de l'homme par la famille, Eglise domestique

Le couple chrétien est « *le prolongement visible de l'alliance du Christ et de l'Eglise* »[22] c'est -à-dire le symbole et le reflet de l'alliance du Christ et de l'Eglise comme le stipule saint Paul dans sa lettre aux Ephésiens (Eph 5, 22-33). Car il apparaît comme le lieu de la Révélation de l'amour de Dieu de façon ontologique et spirituelle. L'amour conjugal pour l'homme et la femme est défini par le pape Paul VI dans *Humanae vitae* comme « *communion de leur être en vue d'un mutuel perfectionnement personnel, pour collaborer avec Dieu à la génération et à l'éducation de nouvelles vies* »[23]. C'est ainsi que la famille, tout en étant un bien commun de l'Eglise, participe de la charge de l'Eglise à travers son rôle capital d'éducatrice de premier rang. Car, elle est une Eglise domestique. La vision de la famille comme « *ecclesia domestica* » ou « *Église domestique* » remonte en effet, au IVème siècle avec l'évêque de Constantinople, Jean Chrysostome qui a toujours exhorté les familles chrétiennes en ces termes : « *en revenant à la maison, préparons une double table : une pour les aliments, l'autre pour la lecture de la parole de Dieu, et l'homme répète les choses qui ont été dites à l'église ; que la femme apprenne, que les enfants écoutent, que les serviteurs ne soient pas privés de cette lecture. Fais de ta maison une église puisque tu dois rendre compte du salut de tes enfants et de tes serviteurs* » [24]. Elle est le lieu où les premiers rudiments dans le processus d'humanisation de la personne humaine dans toutes ses dimensions sont enclenchés, suivis et conduits à son terme. Mieux, elle est le milieu où les premières germes de la foi s'implantent pour fructifier plus tard dans l'Eglise universelle, dans la société. Une maternité et une paternité responsable qui défient toutes ses situations accidentelles précédemment citées augurent d'une culture de l'excellence dans l'agir humain par des actes responsables. C'est au sein de la famille que les parents sont « *par la parole et par l'exemple ... pour leurs enfants les premiers hérauts de la foi, au service de la vocation propre de chacun et tout spécialement de la vocation sacrée* »[25].

L'éducation implique une action pour mieux être et une croissance à l'humanité. Selon Maurice BLONDEL, « *l'action a sa sève propre, elle est toujours un au-delà* »[26]. Il y a un enjeu qui habite toute éducation : action et coaction qui dépasse le cadre d'un individu. Pour Jean Paul II *« l'éducation consiste en effet à ce que l'homme devienne toujours plus homme, qu'il puisse être davantage et pas seulement qu'il puisse avoir davantage et que par conséquent, à*

22- Philippe KINKPON, *Se marier dans le Seigneur, le couple chrétien et son identité*, La croix du Bénin, Cotonou, 2012, p. 192.
23- *Humanae vitae* n° 8.
24- Jean Chrysostome, *Sermons sur la Genèse*
25- Cf. *Lumen Gentium* 11, *Familiaris consortio* n°21, *Catéchisme de l'Eglise Catholique* n° 1656.
26 M. BLONDEL, L'action, PUF, Paris, 1950, p.122.

travers tout ce qu'il a, tout ce qu'il possède, il sache de plus en plus pleinement être homme » [27]. Il s'agit de « *faire de l'éduqué un éducateur* »[28]. Pour se faire, le premier protagoniste actif qui le déploiera avec toute l'Eglise tant universelle que domestique est l'Esprit Saint. Si la famille est une Eglise domestique parce qu'enracinée, comme l'Église, dans le mystère trinitaire, elle n'est donc pas seulement une organisation humaine, elle est le peuple unifié qui participe de l'unité du Père, du Fils et de l'Esprit Saint. Dans ce sens, l'éducation aux valeurs humaines et spirituelles répond de la mission sacerdotale des époux pris au jour de leur mariage. Elle commence d'abord par cet humble accueil de toute l'Eglise à accompagner dans la dynamique pneumatologique du pardon offert aux "familles modernes'' ouvertes à la grâce de la conversion pour « *réparer les blessures causées par des actes qui contredisent l'amour conjugal* »[29]. D'ailleurs, Robert Cardinal SARAH disait sans mélange ni légèreté que « *la matrice de la famille se compose d'un homme et d'une femme. Cependant il ne s'agit pas de laisser la pastorale prendre le pas sur la doctrine. La doctrine, c'est la fondation sans laquelle la maison s'effondre* »[30]. La deuxième démarche est de maintenir les trois dimensions de communion dans l'Eglise domestique : « *d'amour entre les époux, de communion entre parents et enfants, également de communion avec le Christ (...) par la prière* »[31].

[27] Jean Paul II, Discours à l'Unesco, Paris, 2 juin 1980 in Documentation Catholique N°1788, p.605
[28] Eric WEIL, Philosophie politique, Vrin, Paris, 1971, p.48
[29]- Jean LAFFITTE et Livio MELINA, Amour conjugal et vocation à la sainteté, Ed. L'Emmanuel, Parayl-le Monial, 2001, p. 171.
[30]- https://www.lejdd.fr/Societe/Religion/Cardinal-Robert-Sarah-Pourquoi-l-Eglise-devrait-elle-changer-721682
[31]- Jean LAFFITTE et Livio MELINA, Amour conjugal et vocation à la sainteté, Ed. L'Emmanuel, Parayl-le Monial, 2001, p. 183.

CONCLUSION

Au terme de notre réflexion nous retenons qu'au-delà des situations difficiles de crises dont la famille conjugale est victime aujourd'hui, elle demeure un défi majeur à relever pour l'épanouissement des enfants à éduquer dans une anthropologie humaine, socio-culturelle plus mûre et déterminée dans l'agir humain de façon progressive mais positive. A la suite de Jean-Paul II nous voudrions faire nôtre certaines propositions des droits de la famille en vue de son bonheur et celui de la société. Il s'agit essentiellement de : « *le droit d'exister et de s'épanouir en tant que famille ; le droit d'exercer sa mission pour tout ce qui touche la transmission de la vie ; le droit à l'intimité de la vie conjugale que familiale ; le droit d'éduquer ses enfants conformément à ses traditions et à ses valeur religieuses et culturelles, grâce aux instruments, aux moyens et aux institutions nécessaires* »[32]. La nécessité d'une éducation à l'amour qui passe par les sens : la vue, le toucher, l'ouïe, l'odorat, le goût... Selon Aristote le toucher plus que tout autre sens influe directement sur le cerveau des jeunes enfants, il favorise leur premier épanouissement à la fois affectif et intellectuel[33]. L'éducation comme action forme un homme, engage l'homme et les hommes dans leur volonté et liberté. Elle est aussi « *tâtonnement avec tout ce que cela comporte de risque et de découverte surprenante* »[34]. L'éducation permet à chaque membre de l'église domestique d'exercer le sacerdoce baptismal, en faisant de la famille une communauté de grâce et de prière, une école de vertus humaines et chrétiennes, le lieu de la première annonce de la foi aux enfants.

---

[32]- *Familiaris consortio* n° 46.
[33] Aristote, politique VII, 17, 133 6b.30-33
[34]- Perpétue TIGRY, ...

BIBLIOGRAPHIE

1- Ouvrages

- Chrysostome, *Sermons sur la Genèse*
- Eric WEIL, *Philosophie politique*, Vrin, Paris, 1971.
- Jean LAFFITTE et Livio MELINA, *Amour conjugal et vocation à la sainteté*, Ed. L'Emmanuel, Paray-le Monial, 2001.
- Marguerite LENA, *L'Esprit de l'éducation*, Desclée, Paris, 1998.
- Maurice BLONDEL, *L'action*, PUF, Paris, 1950.
- Perpétue TIGRY, *Education par l'amour : une force de demain*, ed Aurelius, Cotonou, 2015.
- Philippe KINKPON, Se marier dans le Seigneur, le couple chrétien et son identité, La croix du Bénin, Cotonou, 2012.
- R. MAMPAKA, *Bien connaître pour mieux éduquer*, Pauline, Abidjan, 2012.

2- Documents magistériels

- Paul VI, Lettre encyclique, *Humanae vitae*, Sur le mariage et la régulation des naissances, Saint-Augustin Afrique, 2017.- Jean
- Jean-Paul II, Exhortation apostolique *Familiaris consortio*, Téqui, Paris, 2014.

3- Revues, Discours, conférences et articles

- Conférence du Cardinal Ennio Antonelli, président du Conseil pontifical pour la Famille lors de la 47ème Journée des questions pastorales de Castelldaura qui ont eu lieu à Barcelone (Espagne) les 24 et 25 janvier 2012 sur le thème « *Le mariage et la famille pour une nouvelle évangélisation* », in La Croix le 09/04/2013.
- Émile DURKHEIM, « *La famille conjugale.* » Texte extrait de la Revue philosophique, 90, 1921.
- Isabelle CORPART, in Revue *Recherches familiales* 2013/1 (n° 10), pages 183 à 185 citant Martine GROSS, *Qu'est-ce que l'homoparentalité?* Petite bibliothèque Payot, 206 p., 2012.
- Jean Paul II, *Discours à l'Unesco*, Paris, 2 juin 1980 in Documentation Catholique N°1788.
- Marc PILON, « *Les femmes chefs de ménage en Afrique : état des connaissances* », in Jeanne BISSILLAT (éd.), *Femmes du Sud, chefs de famille*, Paris, Karthala, 1996.
- Patrice VIMARD et N'cho SOMBO, « *Evolution de la structure des ménages et différenciation des modèles familiaux en Côte d'Ivoire 1975-1993* », *in* : PILON, LOCOH, VIGNIKIN et VIMARD (dir.), *Ménages et familles en Afrique, Approches des dynamiques contemporaines,* Les études du CEPED, n°15, 1997.
- Patrice VIMARD, « *Modernité et pluralité familiales en Afrique de l'Ouest* », *Tiers-Monde*, tome 34, n° 133, 1993.

- Thérèse LOCOH, « *Les nouvelles formes d'union en Afrique de l'Ouest : aspirations et ruptures* », *in Femme, Famille, et Population*, Ouagadougou, Burkina Faso, vol. 1, Dakar, UEPA, 1991.

4- Webographie

- https://www.lejdd.fr/Societe/Religion/Cardinal-Robert-Sarah-Pourquoi-l-Eglise-devrait-elle-changer-721682

https://www.zejournal.mobi/index.php/news/show_detail/5618https://www.la-croix.com/Urbi-etOrbi/Archives/Documentation-catholique-n-2491/La-Famille-chretienne-premier-chemin-pour-l-evangelisation-2013-04-09-934147

- http://evolution-famill.e-monsite.com/pages/les-differentes-formes-modernes-de-la-famille.html-

- https://www.la-croix.com/Journal/Lexplosion-nombre-familles-monoparentales-2018-04-11-1100930712

SOMMAIRE

Esquisse sur les vérités fondamentales de foi pour une éducation chrétienne

(Anselme CHODATON)

Résumé

Aller aux principes ou aux fondements indéniables pour toute éducation surtout chrétienne n'est-ce pas retourner aux sources mêmes de l'éducation vue comme un accompagnement, une pédagogie qui implique adhésion, engagement, maturité constante et responsable ? Le développement de cette analyse a pour sources documentaires l'enseignement de l'Eglise sur l'éducation et les apports de Marcel GILLET dans son livre *La formation religieuses aux différents âges de l'enfance et de l'adolescence* (1984) et d'Olivier BAUER dans son article sur *Une éducation à la foi, de la foi, dans la foi et par la foi* (2017). Le rapport entre éducation et foi, les vérités fondamentales de foi pour une éducation chrétienne et le retour à l'enseignement de l'Eglise sur l'éducation chrétienne sont les trois pôles de la réflexion.

Mots clés : Esquisse, vérités fondamentales, foi, éducation, éducation chrétienne, enseignement de l'Eglise.

Introduction

La question de l'éducation aussi vielle qu'elle soit, demeure d'actualité et toujours nouvelle. De nombreux ouvrages édités à ce sujet ont éminemment exploré les différents aspects de l'éducation depuis l'antiquité jusqu'au XXIème siècle. A l'ère de la postmodernité où plusieurs paradigmes et modèles d'éducation exercent leur dictat sur les enfants, les adolescents, les jeunes et même sur les adultes, il convient de retourner aux vérités fondamentales de foi pour une éducation chrétienne. L'éducation, une réalité transversale de toute la vie, reste continuellement à conquérir quels que soient le temps et l'espace où se trouvent les enfants, fils et filles de l'Eglise dans le monde. L'objectif primordial de cette réflexion présente une esquisse sur les vérités fondamentales de foi pour une éducation chrétienne. Aller aux principes ou aux fondements indéniables pour toute éducation surtout chrétienne n'est-ce pas retourner aux sources mêmes de l'éducation vue comme un accompagnement, une pédagogie qui implique adhésion, engagement, maturité constante et responsable ? Le développement de cette analyse a pour sources documentaires l'enseignement de l'Eglise sur l'éducation et les apports de Marcel GILLET dans son livre *La formation religieuses aux différents âges de l'enfance et de l'adolescence* (1984) et d'Olivier BAUER dans son article sur *Une éducation à la foi, de la foi, dans la foi et par la foi* (2017). Ainsi donc, le plan suggéré tient compte :

- De la clarification conceptuelle au rapport entre éducation et foi
- Des vérités fondamentales de foi pour une éducation chrétienne
- Du retour à l'enseignement de l'Eglise sur l'éducation chrétienne

1.De la clarification conceptuelle au rapport entre éducation et foi

1.1- La foi

L'auteur de la lettre aux Hébreux en affirmant que la foi est « *la garantie des biens que l'on espère, la preuve des réalités qu'on ne voit pas* »[35] donne une définition théologique de la foi. Autrement dit, la foi est une possession anticipée et une connaissance assurée des réalités célestes. Dans la même dynamique, Olivier BAUER (2017) distingue qu'en théologie chrétienne, il existe deux dimensions de la foi : la "*fides qua creditur*" et la "*fides quœ creditur*". La "*fides qua creditur*" est la foi qui me permet de croire. Il est un don de Dieu. Quant à la "*fides quae creditur*" c'est-à-dire la foi que je crois, il est un contenu des croyances, des dogmes, des éthiques, des praxis. De la foi qui me permet de croire ou de la foi que je crois, c'est la foi qui me permet de croire qui est première. La foi se définit donc par « *une relation de confiance entre deux personnes* (*humaines ou divines*) »[36]. Qualifier la foi de relation de confiance, c'est déjà lui donner un contenu de relation d'obéissance ou de soumission. Le christianisme définit la foi comme confiance. D'ailleurs, l'italien, l'espagnol, l'anglais le définissent respectivement comme "*fide*", "*fe*" "*faith*". Tous ces noms proviennent d'« *une même racine indo-européenne, beidh — qui a donné aussi le grec pistis — et qui suggère d'une manière générale l'idée de confiance qui caractérise la relation entre Dieu et les êtres humains* »[37]. Il n'est donc pas directement et en tout premier lieu fondé sur la raison d'après Buber, mais c'est un « *rapport qui, par nature, ne repose pas sur des "raisons", de même qu'il n'en procède pas* »[38] (Buber, 1991, 29). Croire quelqu'un c'est lui faire confiance même sans pouvoir le justifier ou bien croire et reconnaître quelque chose comme vrai même sans pouvoir en donner de raison[39] (Buber, 1991, 29). Dans ce sens, le théologien allemand Rudolf Bultmann rappelle la spécificité de la foi dans le christianisme : « *le propre de la foi chrétienne est de reconnaître Jésus comme Seigneur* (*reconnaître signifie ici "tenir pour certain"*) *en même temps qu'on confesse le miracle de sa résurrection* »[40] (Bultmann, 1976, 73). Être chrétien, c'est donc faire confiance à Dieu. C'est donc la fidélité de Dieu qui provoque la confiance du chrétien. De fait, la foi reçue passivement *fides qua creditur* permet au chrétien de croire. Mais cette dimension passive de la foi chrétienne s'accompagne d'une dimension active. Car la fidélité de Dieu exige qu'en retour, le chrétien se montre lui aussi fiable c'est-à-dire dans la

---

[35]- He 11,1.

[36]- Ortigues, E. (sans date). *Foi. Encyclopaedia Universalis.* Repéré à http://www.universalis-edu.com/encyclopedie/foi/ consulté le 2 décembre 2019 à 15h 05.

[37]- Bauer, O. (2017). « Une éducation à la foi, de la foi, dans la foi et par la foi », *Les Cahiers de l'ILTP*, avril 2017.

[38]- Buber, M. (1991). *Deux types de foi : foi juive et foi chrétienne.* Paris : Éditions du Cerf, p 29.

[39]- Idem.

[40]- Bultmann, R. (1976). « Le groupe des notions de *pistis* dans le Nouveau Testament » Dans R. Bultmann & A. Weiser (dir.), *Foi* (p. 60-113). Genève : Labor et Fides, p. 73.

praxis *fides quae creditur*[41] (Bauer, 2017). En synthèse, la foi peut être définie dans les quatre mots latins que Marcus Borg propose en ces termes : « *comme relation à Dieu, la foi est fiducia, confiance entre Dieu et les êtres humains et fidelitas, fidélité du chrétien. Comme relation aux contenus, elle est assensus, adhésion intellectuelle à des doctrines chrétiennes et visio, regard bienveillant sur la réalité, le monde, les gens, l'actualité, etc* »[42]. (Borg, 2003, 28).

[41]- Bauer, O. (2017). « Une éducation à la foi, de la foi, dans la foi et par la foi », *Les Cahiers de l'ILTP*, avril 2017.
[42]- Borg, M. (2003). *The Heart of Christianity : rediscovering a life of faith.* San Francisco : HarperSanFrancisco, p. 28.

1.2- L'éducation

Eduquer vient du terme latin *ex-ducere* : « *faire sortir, mettre dehors, tirer hors* » et de *ex-ducare* : « *former, instruire* », mais aussi « *nourrir* » pour un animal et « *porter* » pour le sol[43] (Gaffiot, 1934, 572). L'éducation permet à chacun « *de se construire lui-même en tant que "sujet dans le monde", héritier d'une histoire dont il perçoit les enjeux, capable de comprendre le présent et d'inventer l'avenir* »[44] (Meirieu, 2009, 60). Toute éducation consiste à « *renoncer à faire du rapport de filiation un rapport de causalité ou de possession. Car, il ne s'agit pas de fabriquer une créature capable de satisfaire notre goût pour le pouvoir ou notre narcissisme, mais d'accueillir celui qui vient comme un sujet, tout à la fois, inscrit dans une histoire et représentant la promesse d'un dépassement radical de celle-ci* »[45] (Meirieu, 2009, 62). Dans cette logique, Meirieu propose un programme réparti en six dimensions essentielles et fondamentales :

- *reconnaître celui qui vient comme une personne que je ne peux façonner à mon gré* (Meirieu, 2009, 64),

- *accepter que la transmission des savoirs et des connaissances ne s'effectue jamais de manière mécanique* (Meirieu, 2009, 66),

- *constater sans amertume ni regret que personne ne peut apprendre à la place de quiconque* (Meirieu, 2009, 69),

- *ne pas confondre l'impouvoir de l'éducation sur la décision d'apprendre et son pouvoir sur les conditions qui rendent cette décision possible* (Meirieu, 2009, 74),

- *inscrire au cœur de toute activité éducative la question de l'autonomie du sujet* (Meirieu, 2009, 78),

- *assumer "l'insoutenable légèreté de la pédagogie" en renonçant à enclore l'activité pédagogique dans un champ théorique de certitudes scientifiques* (Meirieu, 2009, 81).

43- Gaffiot, F. (Dir.) (1934). *Dictionnaire Latin-Français*. Paris : Hachette, p. 572.

44- Meirieu, P. (2009). *Frankenstein pédagogue*. (6ème éd.). Paris : ESF édition, p 60.

45- Idem, p 62.

1.3- Les vérités fondamentales

Du latin *veritas*, « vérité », dérivé de *verus*, « vrai »), la vérité est la correspondance entre une proposition et la réalité à laquelle cette proposition réfère. Autrement dit l'adéquation d'une pensée à la réalité concrète. Cependant, il existe de nombreuses définitions du mot et des controverses classiques autour des diverses théories de la vérité. En mathématiques, une vérité première admise sans démonstration est un axiome. Hegel, en affirmant que « *le vrai est le tout* »[46] (Hegel, 1807,18), veut montrer que « *la vérité ne réside pas dans la certitude d'une conscience subjective qui distingue de soi l'objet auquel elle se rapporte. Elle est dans l'ensemble du mouvement qui retrace le devenir de l'Être* »[47]. Selon Léonard de Vinci dans "*la sagesse est la fille de l'expérience*"[48], la vérité permet de vérifier constamment ses intuitions et théories, car « *l'expérience ne se trompe jamais ; ce sont vos jugements qui se trompent en se promettant des effets qui ne sont pas causés par vos expérimentations* »[49]. Pour Thomas d'Aquin, reprenant la définition de Isaac Israëli, « *la vérité est l'adéquation de l'intellect aux choses* » (*veritas est adœquatio intellectus et rei*)[50]. Cette définition de la vérité est proche de celle d'Aristote : *« ce n'est pas parce que nous pensons d'une manière vraie que tu es blanc, que tu es blanc, mais c'est parce que tu es blanc, qu'en disant que tu l'es, nous disons la vérité* »[51] (2004, 68-69). Saint Augustin aborde le rapport de l'homme à la vérité à travers la question de l'enseignement du dogme et de sa compréhension. Pour lui, il n'y a pas de « *communication horizontale* » entre les hommes. Le dialogue se joue non pas à deux, mais à trois. Car, « *toute communication authentique est « triangulaire » : toi, moi, et la Vérité qui nous transcende tous les deux, et dont nous sommes, toi et moi, les condisciples* »[52]. Ainsi, Augustin donne un sens exclusivement chrétien à la définition de la vérité. De toutes ses définitions, parler des vérités fondamentales c'est évoquer les principes indéniables, pérennes, stables, immuables, constants et intrinsèques à une réalité, et ici il s'agit de l'homme. Car, les vérités éternelles seraient en l'Absolu, ou en Dieu pour les chrétiens, qui ne les a cependant pas créées. Ces vérités éternelles constitueraient le verbe de Dieu. C'est à partir de ce modèle qu'il aurait pu concevoir un monde bon[53].

46- Hegel, (1807), *Phénoménologie de l'esprit*, Aubier, p. 18.
47- Bertot Clément "La question de la vérité chez Hegel" Section 2 A, 1 p. 63.
48- Léonard de Vinci, *Carnets* Traduit par Jean-Paul Richter, 1888 Sur Gutenberg [archive]
49- Idem
50- Thomas d'Aquin, *Summa* I.16.1
51- Aristote (384-322 av. J.-C.), *Métaphysique*, Paris, Vrin, 2004, livre Θ, ch. 10, p. 68-69.
52- Revue *Itinéraires augustiniens* n° 30 (juillet 2003) - « Vous n'avez qu'un seul maître », par Marcel Neusch
53- De Librio Arbitrio St Augustin, Le Maître - Le libre arbitre Brépols, Institut d'Études Augustiniennes, 1993 (Madec, Goulven).

1.4- Rapport entre foi et éducation

Au croisement de l'éducation et de la foi, on trouve deux notions qu'il est possible de mettre en relation deux à deux. Ainsi, à la *fides qua creditur*, la foi comme fidélité et confiance correspondrait l'éducation-*educere*, celle qui fait sortir, qui tire hors de l'incrédulité pour rapprocher de Dieu. Tandis qu'à la *fides quœ creditur*, la foi comme adhésion à des dogmes comme vision particulière du monde, comme contenu correspondrait l'éducation-*educare*, celle qui élève, qui nourrit et qui prend soin. Et l'ordre de priorité de ces deux types d'éducation serait toujours le même : « *d'abord l'éducation-educere à la foi-fides qua creditur, seulement ensuite l'éducation-educare de la foi-fides quœ creditur. Toujours d'abord la relation à Dieu, ensuite seulement le type ou le contenu de cette relation* »[54]. Après ce tableau explicatif présenté, quelles sont ces vérités fondamentales de foi pour une éducation chrétienne ?

[54]- Bauer, O. (2017). « Une éd Revue Itinéraires augustiniens no 30 (juillet 2003) - « Vous n'avez qu'un seul maître ».

2.Des vérités fondamentales de foi pour une éducation chrétienne

Trois vérités fondamentales de foi sont incontournables en matière d'éducation ou de pédagogie chrétienne. Ils demeurent des principes immuables qui traversent l'histoire, l'espace et le temps puisque préexistent même comme principes humains. Il s'agit de :

2.1- L'appel à la sainteté ou à la perfection comme projet de Dieu sur l'homme

Dans sa première lettre à Timothée, saint Paul a planté le décor d'une vérité éternelle : « *Dieu veut le salut de tous les hommes* »[55] et tous les chrétiens de toutes les époques « *ont la vocation de tendre à la sainteté*[56] » [57](Marcel GILLET, 1984,14). D'ailleurs, le concile Vatican II affirme si bien que « *les fidèles sont appelés par le Seigneur à la perfection (...) et ont reçu en partage une foi du même prix* »[58]. Cette première vérité de foi est valable pour tous les hommes sans exception et plus particulièrement pour les chrétiens voire les enfants dans la dynamique de l'éducation. Car, aucun d'entre nous n'est appelé à une vie médiocre ou négligente.

55- 1Tm 2,4.
56- 1Th 4,3.
57- Gillet, M. (1984), *La formation religieuse aux différents âges de l'enfance et de l'adolescence*, Paris, Téqui, p. 14.
58- *Lumen Gentium*, n°11, 40, 32.

2.2- La sagesse divine à travers ses moyens paternels

Dieu, dans sa sagesse a mis à la disposition de tout homme et de tout l'homme des moyens offrant à chacun la possibilité et l'efficacité d'atteindre cette fin qu'est la perfection, la sainteté. L'Omnipotent, l'Omniscient, l'Absolu, bref le Tout-Autre à préparer pour ces fils que nous sommes, des grâces essentielles dont nous avons besoin pour atteindre la sainteté car rien ne lui est impossible. « *Dieu se joue des situations en apparence les défavorables à l'établissement de son règne. Baisser les bras, renoncer à combattre, sous prétexte que le mal triomphe partout, serait douter de la sagesse et de la puissance de Dieu* »[59]. Pour le salut et la sanctification des âmes plus encore celles des enfants et des jeunes, il ne faut pas renoncer au combat car les enfants et les jeunes constituent la pépinière de saints. C'est de la bonté de Dieu de répandre sa libéralité et ses grâces indéfiniment sur les personnes de bonne volonté. Il suffit d'être bon comme Lui et d'éviter de faire des comparaisons et tenant coûte que coûte à pénétrer la Providence.

[59]- Gillet, M. (1984), *La formation religieuse aux différents âges de l'enfance et de l'adolescence*, Paris, Téqui, p. 15.

2.3- La recherche du Royaume de Dieu et sa justice

Rechercher le royaume de Dieu et sa justice comme le suggère Jésus dans l'Evangile selon Saint Matthieu (Mt 6,33) revient pour l'éducateur à renoncer à son égoïsme et de travailler à aimer Dieu et à lui donner la première place. En l'aimant de tout notre cœur, de toute notre âme, de tout notre esprit, de toute notre force et de toutes nos pensées nous faisons passer notre vie par une obéissance pleine d'amour à tous ses commandements et nous nous préparons ainsi à être des canaux de transmission de la vérité de foi qui s'opère dans la justice et la rectitude de son être. Connaître la volonté de Dieu sur nous et la faire, implique déjà que nous travaillons déjà au salut et à la perfection des enfants et adolescents dans la recherche permanente de Dieu.

3.**Retour à l'enseignement de l'Eglise sur l'éducation chrétienne**

Nombreux furent les messages et suggestions proposées par les papes dans leur enseignement sur l'éducation.

3.1- La famille, l'Eglise, la société civile, l'Etat et l'école, des lieux fondateurs de l'éducation selon Pie XI dans *Divini Illius Magistri* de 1929.

Dans l'encyclique *Divini Illius Magistri* du 31 décembre 1929, le pape Pie XI fait remarquer qu'« *en premier lieu, la famille, instituée immédiatement par Dieu, pour sa fin propre, qui est la procréation et l'éducation des enfants, a pour cette raison une priorité de nature et par suite une priorité de droits, par rapport à la société civile...Ce droit de donner l'éducation à l'enfant est inaliénable parce qu'inséparablement uni au strict devoir corrélatif...* (il est) *inviolable par quelque puissance terrestre que ce soit...* »[60]. En dehors de la famille, l'Eglise en tant que « *Société d'ordre surnaturel et universel, société parfaite, a en elle tous les moyens requis pour sa fin qui est le salut éternel des hommes (...). Elle a la suprématie dans son ordre... L'éducation lui appartient d'une manière suréminente à deux titres d'ordre surnaturel... Le premier se trouve dans la mission expresse et l'autorité suprême du magistère que son divin fondateur lui a données : "Allez, enseignez toutes les nations, faites des disciples"* (Mt 28,19). *Le second est la maternité surnaturelle par laquelle l'Eglise, épouse immaculée du Christ, engendre, nourrit et élève les âmes dans la vie divine de la grâce par ses sacrements et son enseignement* »[61]. L'objet propre de sa mission éducatrice, étant la foi et la règle des mœurs, l'Eglise devient la maîtresse suprême et très sûre des hommes puisqu'elle a reçu un droit inviolable au libre exercice de son magistère. La conséquence nécessaire en est « *l'indépendance de l'Eglise vis à vis de tout pouvoir terrestre, aussi bien dans l'origine que dans l'exercice de sa mission éducatrice, et non seulement en ce qui concerne l'objet propre de cette mission, mais aussi dans le choix des moyens nécessaires ou convenables pour la remplir* »[62]. Outre ces deux instances, il y a aussi la société civile et l'Etat. La société civile est « *une société parfaite car elle a les moyens nécessaires à sa fin propre qui est le bien commun temporel (...). Les droits de la société civile lui sont communiqués par l'auteur même de la nature, non pas à titre de paternité, comme à l'Eglise et la famille, mais en vertu de l'autorité sans laquelle elle ne peut promouvoir ce bien commun temporel qui est sa finalité propre. En conséquence, l'éducation ne peut appartenir à la société civile de la même manière qu'à l'Eglise et à la famille, mais elle lui appartient dans un mode différent en rapport avec sa fin propre (...)* »[63]. Enfin, le dernier lieu d'éducation est l'école. Tout en considérant les origines historiques de l'école, lieu instruction des arts et des sciences qui font la richesse et la prospérité de la société civile, « *l'école est de sa nature une institution auxiliaire et complémentaire de la*

[60]- Pie XI (1929), *Divini Illius Magistri*, n°3.
[61]- Idem, n°4.
[62]- Ibidem.
[63]- Idem, n°9, 14.

famille et de l'Eglise ; partant, en vertu d'une nécessité logique et morale, l'école doit non seulement ne pas se mettre en contradiction mais s'harmoniser positivement avec les deux autres milieux, dans l'unité morale la plus parfaite possible (...). Faute de quoi, elle manquera sa fin pour se transformer en œuvre de destruction »[64].

64- Pie XI (1929), *Divini Illius Magistri*, n°31.

3.2- La déclaration sur l'éducation *Gravissimum educationis momentum* du 28 octobre 1965

Le Concile a proclamé le droit, pour l'Eglise, de fonder et de diriger librement des écoles de tous ordres et de tous degrés. Mais il affirme aussi qu'il revient à la société civile, entre autres tâches, de promouvoir de multiples manières l'éducation de la jeunesse, de garantir les devoirs et les droits des parents et autres personnes qui jouent un rôle dans l'éducation. Car, « *selon le principe de subsidiarité, en cas de défaillances des parents ou à défaut d'initiatives d'autres groupements, c'est à la société civile, compte tenu cependant des désirs des parents d'assurer l'éducation. En outre, dans la mesure où le bien commun le demande, elle fonde ses écoles et institutions propres* »[65]. Pour le concile, l'école revêt une importance particulière puisqu' « *elle est spécialement, en vertu de sa mission, le lieu de développement assidu des facultés intellectuelles ; en même temps, elle exerce le jugement, elle introduit au patrimoine culturel hérité des générations antérieures, elle promeut le sens des valeurs, elle prépare à la vie professionnelle ; entre les élèves d'origines sociales et de caractères différents, elle fait naître un esprit de camaraderie qui forme à la compréhension mutuelle. De plus, elle constitue comme un centre où se rencontrent pour partager les responsabilités de son fonctionnement et de son progrès familles, maîtres, groupements de tous genres créés pour le développement de la vie culturelle, civique et religieuse, la société civile et enfin toute la communauté humaine* »[66].

---

[65]- Concile Vatican II, *Gravissimum educationnis momentum* (1965), n°3.
[66]- Concile Vatican II, *Gravissimum educationnis momentum* (1965), n°5.

3.3- Le droit à la culture selon *Gaudium et Spes* du 7 décembre 1965

Aujourd'hui résonne encore en bonne sonorité cette lumineuse déclaration du concile Vatican II : « *puisqu'il y a maintenant la possibilité de délivrer la plupart des hommes du fléau de l'ignorance, il est un devoir qui convient au plus haut point à notre temps... celui de travailler avec acharnement... à faire reconnaître, partout et pour tous, en harmonie avec la dignité de la personne humaine, le droit à la culture et d'assurer sa réalisation. Il faut donc procurer à chacun une quantité suffisante de biens culturels, surtout de ceux qui constituent la culture dite de base, pour qu'un très grand nombre ne soit pas empêché, par l'analphabétisme et le manque d'initiatives, de coopérer de manière vraiment humaine au bien commun. En conséquence, il faut tendre à donner à ceux qui en sont capables la possibilité de poursuivre des études supérieures ; et de telle façon que, dans la mesure du possible, (...) ils rendent des services dans la vie sociale, qui correspondent soit à leurs aptitudes, soit à la compétence qu'ils auront acquise* »[67].

[67]- Concile Vatican II, Gaudium et Spes (1965), n°60.

3.4- Le devoir d'éducation dans *Familiaris consortio* de novembre 1981

Jean-Paul II, dans l'exhortation apostolique Post-synodale sur les tâches de la famille chrétienne, affirme que le devoir d'éducation a ses racines dans la vocation primordiale des époux à participer à l'œuvre créatrice de Dieu : en engendrant dans l'amour et par l'amour une personne possédant en soi la vocation à la croissance et au développement, les parents assument par là même le devoir de l'aider efficacement à vivre une vie pleinement humaine. Le droit et le devoir d'éducation sont pour les parents quelque chose d'essentiel, de par leur lien avec la transmission de la vie ; quelque chose d'original et de primordial, par rapport au devoir éducatif des autres, en raison du caractère unique du rapport d'amour existant entre parents et enfants ; quelque chose d'irremplaçable et d'inaliénable, qui ne peut donc être totalement délégué à d'autres ni usurpé par d'autres. Le rôle et la responsabilité des parents dans le processus de l'éducation fait d'eux porteurs du « *ministère éducatif* ». Le droit des parents à l'éducation de leurs enfants est lié à la transmission de la vie et il ne peut être ni délégué totalement aux autres ni usurpé par d'autres. Cette éducation doit comprendre une formation morale respectueuse de la dignité de la personne humaine et fondée sur la justice et l'amour. La communion vécue au sein de la famille prépare les enfants à vivre en société de manière responsable. Les parents ont la vocation de donner une éducation sexuelle axée sur la personne tout entière et qui souligne l'importance de la chasteté. Pour les parents chrétiens, le sacrement du mariage fait de la mission éducative un « *ministère éducatif* ».

3.5- Le but de l'éducation selon le Code de Droit Canonique de 1983 par Jean-Paul II

Le Code de Droit Canonique de 1983 stipule : « *Comme l'éducation véritable doit avoir pour but la formation intégrale de la personne humaine ayant en vue sa fin dernière en même temps que le bien commun de la société, les enfants et les jeunes seront formés de telle façon qu'ils puissent développer harmonieusement leurs dons physiques, moraux et intellectuels, qu'ils acquièrent un sens plus parfait de la responsabilité et un juste usage de la liberté, et qu'ils deviennent capables de participer activement à la vie sociale* »[68].

[68]- (2007), Code de Droit Canonique, Montréal (Québec), 3ème édition, n°795.

3.6- Le « *ministère éducatif* » des parents chrétiens dans la Lettre aux Familles de 1994

Jean-Paul II, en abordant la question du rôle des parents dans l'éducation religieuse de leurs enfants, écrit que : « *la famille est appelée à remplir sa tâche éducative dans l'Église, prenant ainsi part à la vie et à la mission ecclésiales. L'Église désire éduquer surtout par la famille, habilitée à cela par le sacrement du mariage, avec la « grâce d'état » qui en découle et le charisme spécifique qui est le propre de toute la communauté familiale. L'un des domaines dans lesquels la famille est irremplaçable est assurément celui de l'éducation religieuse, qui lui permet de se développer comme « église domestique ». L'éducation religieuse et la catéchèse des enfants situent la famille dans l'Église comme un véritable sujet actif d'évangélisation et d'apostolat. Il s'agit d'un droit intimement lié au principe de la liberté religieuse. Les familles, et plus concrètement les parents, ont la liberté de choisir pour leurs enfants un modèle d'éducation religieuse et morale déterminé, correspondant à leurs convictions. Mais, même quand ils confient ces tâches à des institutions ecclésiales ou à des écoles dirigées par un personnel religieux, il est nécessaire que leur présence éducative demeure constante et active* »[69].

---

[69]- Lettre du Pape Jean-Paul II aux Familles, voir DC 1994, n° 2090, p. 251-276.

3.7- Le directoire général pour la catéchèse en 1997

L'éducation à la foi est le premier temps. Car éduquer à la foi, au sens de *educere*, de le tirer hors de l'incrédulité ou de l'indifférence, de l'athéisme ou du péché implique donc un processus de changement de « conversion » pour reprendre un terme théologique traditionnel. Mais il ne s'agit pas d'inscrire la foi dans un « je », mais, tout au contraire, d'inscrire le « je » dans la foi. Il s'agit de permettre au croyant de se laisser prendre par la foi. Dans l'éducation à la foi, il s'agit de permettre ou tout au plus de provoquer, la rencontre avec Dieu. Dans son Directoire général pour la catéchèse, l'Église catholique romaine définit l'évangélisation « *comme le processus par lequel l'Église, animée par l'Esprit, annonce et diffuse l'Évangile dans le monde entier* » (Congrégation pour le clergé, 1997, 48). L'évangélisation devient donc le fondement de la catéchèse et qu'elle se décline en trois formes qui dépassent largement une catéchèse conçue simplement comme un enseignement. « *L'Église, animée par la charité, imprègne et transforme tout l'ordre temporel, en assumant et en renouvelant les cultures ; elle témoigne parmi les peuples de la nouvelle manière d'être et de vivre qui caractérise les chrétiens ; elle proclame explicitement l'Évangile, au moyen de la "première annonce", en appelant à la conversion* » (Congrégation pour le clergé, 1997, 48).

Conclusion

En somme, l'éducation chrétienne est une éducation aux principes fondamentaux qui porte une vérité de foi à laquelle tout chrétien peut adhérer dans le don, l'engagement et la mission en vue d'un constant renouvellement. Il existe donc un rapport profond entre l'éducation et la foi qui ont toutes deux des caractéristiques de stabilité, d'immuabilité, d'éternité. L'éducation du chrétien est à la fois centrée sur Dieu, sur le Christ et sur l'Eglise. Au prime abord, elle a pour fonction première d'amener les catéchumènes vers Dieu, alors elle est "théocentrée''. Dieu est à la fois son sujet (c'est lui qui éduque) et son objet (c'est vers lui que l'on éduque). Il s'agit là de l'éducation à la foi. Ensuite, elle a aussi pour fonction de former et d'informer la foi des chrétiens, soit "christocentrée'' : la foi chrétienne se caractérise précisément par le fait qu'elle est chrétienne, c'est-à-dire qu'elle affirme que Jésus est le Christ, l'image fidèle de Dieu. On parle alors d'une éducation de la foi qui dit et révèle le Christ. Outre ces deux fonctions citées, l'éducation chrétienne permet aussi à l'homme de faire l'expérience de la vie chrétienne en promouvant une orthodoxie et une orthopraxie, celle d'une Église chrétienne particulière. Il s'agit de l'éducation "ecclésiocentrée''. C'est l'éducation dans la foi. Enfin, la quatrième dimension qu'on peut proposer est l'éducation par la foi. En ce sens, elle implique donc une catéchèse "humanocentrée'', en vue de participer à l'humanisation des personnes. L'éducation chrétienne valorise donc l'homme comme sujet d'une foi mûre. Cette maturité tient en compte trois dimensions : une dimension affective qui « *a trait à la manière de se relier aux objets de sa croyance* » ; une dimension active qui « *désigne la manière de relier sa vie à ses croyances* » et une dimension cognitive qui concerne « *la manière de se relier à ses croyances personnelles comme aux croyances de la tradition spirituelle à laquelle on se rattache* »[70] (Giguère, 1991 : 51-52).

[70]- Giguère, P.-A. (1991). *Catéchèse et maturité de la foi.* Montréal : Novalis.

REFERENCES BIBLIOGRAPHIQUES

1- **BIBLE**

- *Bible de Jérusalem*, Les Éditions du Cerf / Verbum Bible, Paris 1991

2- **DOCUMENTS DU MAGISTERE**

- *Catéchisme de l'Église Catholique*, Mame / Plon, Paris 1992.
- *Compendium de la Doctrine Sociale de l'Église*, Bayard- Cerf- Fleurus-Mame 2008.
- *Concile Œcuménique Vatican II.* Constitutions – Décrets – Déclarations, Éditions du Centurion, Paris 1967.
- *Directoire Générale pour la catéchèse* (1997)

3- **DICTIONNAIRE**

- GAFFIOT, F., (1934). *Dictionnaire Latin-Français.* Paris : Hachette.

4- **L'ENSEIGNEMENT DES PAPES**

- Pie XI (1929) Encyclique *Divini Illius Magistri*
- Jean-Paul II (1981), « Exhortation apostolique "*Familiaris Consortio*" », dans *Documentation Catholique*, n° 1821 (3 janvier 1982), col. 1-37.
- Jean-Paul II (1994), *Lettre aux familles.*

5- **OUVRAGES LUS OU CONSULTES**

5.1- LES LIVRES

- AERENS, L. (2002), *La catéchèse de cheminement : pédagogie pastorale pour mener la transition en paroisse*, Bruxelles, Lumen Vitae.

- BAUMANN, M., (1993). *Jésus à 15 ans : didactique du catéchisme des adolescents*, Genève, Labor et Fides.

- BORG, M. J., (2003). *The Heart of Christianity: rediscovering a life of faith,* San Francisco, HarperSanFrancisco.

- Buber, Martin, (1991), *Deux types de foi : foi juive et foi chrétienne*, Paris, Éditions du Cerf.

- DUBIED, P.-L., (1992), *Apprendre Dieu à l'adolescence*, Genève, Labor et Fides.

- FOWLER, J. W., (1981), *Stages of faith : the psychology of human development and the quest for meaning*, San Francisco, Harper & Row.

- GIGUERE, P.-A., (1991), *Catéchèse et maturité de la foi.* Montréal : Novalis.

- GOUNELL, A., (1988), *Définition de l'Église*, Études théologiques et religieuses.

- GILLET Marcel, (1984), *La formation religieuse aux différents âges de l'enfance et de l'adolescence*, Paris, Téqui.

- HEGEL, (1807), *Phénoménologie de l'esprit*, Aubier.

- MEIRIEU, P., (2009), *Frankenstein pédagogue*, Paris, ESF 6ème édition.

- PALMER, P. J., (1983), *To know as we are known: a spirituality of education.* San Francisco : Harper & Row.

- VIAU, M. (2002), *L'univers esthétique de la théologie pratique,* Montréal, Médiaspaul.

5.2- Articles ou Revues

- BAUER, Olivier, (2007), « Vers une communauté d'individus. Le cas de l'Église protestante francophone de Washington, DC » Dans J. Richard & M. Dumais (dir.), *Église et communauté* (p. 59-78), Montréal, Fides.

- BULTMANN, Rudolf, (1976), « Le groupe des notions de *pistis* dans le Nouveau Testament » in R. Bultmann & A. Weiser (dir.), *Foi* (p. 60-113). Genève, Labor et Fides.

WEBOGRAPHIE

- Ortigues, E. (sans date). *Foi.* Encyclopaedia Universalis. Repéré à http://www.universalis-edu.com/encyclopedie/foi/
- Diocèse de Saint-Jean–Longueuil (2001). *Vers un projet catéchétique diocésain : Diocèse de Saint-Jean–Longueuil.* http://www.vatican.va/roman_curia/congregations/cclergy/documents/rc_con_ccatheduc_doc_17041998_directory-for-catechesis_fr.html

Sommaire

Printed by Books on Demand GmbH, Norderstedt / Germany